BEI GRIN MACHT SICH IHR WISSEN BEZAHLT

- Wir veröffentlichen Ihre Hausarbeit, Bachelor- und Masterarbeit

- Ihr eigenes eBook und Buch - weltweit in allen wichtigen Shops

- Verdienen Sie an jedem Verkauf

Jetzt bei www.GRIN.com hochladen und kostenlos publizieren

Tobias Tuk

Die chilenische Diktatur: Vergangenheitsbewältigung im Drama "La muerte y la doncella" von Ariel Dorfman

GRIN Verlag

Bibliografische Information der Deutschen Nationalbibliothek:

Die Deutsche Bibliothek verzeichnet diese Publikation in der Deutschen National-
bibliografie; detaillierte bibliografische Daten sind im Internet über http://dnb.d-
nb.de/ abrufbar.

Impressum:

Copyright © 2014 GRIN Verlag GmbH
Druck und Bindung: Books on Demand GmbH, Norderstedt Germany
ISBN: 978-3-656-63157-6

Dieses Buch bei GRIN:

http://www.grin.com/de/e-book/271011/die-chilenische-diktatur-vergangenheitsbe-
waeltigung-im-drama-la-muerte

GRIN - Your knowledge has value

Der GRIN Verlag publiziert seit 1998 wissenschaftliche Arbeiten von Studenten, Hochschullehrern und anderen Akademikern als eBook und gedrucktes Buch. Die Verlagswebsite www.grin.com ist die ideale Plattform zur Veröffentlichung von Hausarbeiten, Abschlussarbeiten, wissenschaftlichen Aufsätzen, Dissertationen und Fachbüchern.

Elsa-Brändström-Schule

Die chilenische Diktatur: Vergangenheitsbewältigung im Drama „La muerte y la doncella" von Ariel Dorfman

Mit der Fragestellung:

„Wie wirkt sich die Vergangenheitsbewältigung der Protagonistin im sozio-psychologischen Kontext des Dramas „La muerte y la doncella" aus?"

Tobias Pinkes

Inhaltsverzeichnis

1. Einleitung 3

2. Inhaltliche Zusammenfassung und formale Gestaltung 4

3. Soziologischer und historischer Kontext 5

    3.1   Die Diktatur in Chile 5

    3.2   Andere Möglichkeiten zur Interpretation im Rahmen einer Diktatur 5

4. Psychologische Analyse der Protagonistin 6

    4.1   Opferrolle 6

    4.1.1   Ängstlichkeit und Misstrauen als Triebmotive der Opferrolle 6

    4.1.2   Unterwürfigkeit als Triebmotiv für die Opferrolle 8

    4.1.3   Psychopathologie des Vergessens als Auslöser und Indikator der Opferrolle 10

    4.2   Täterrolle 12

    4.2.1   Wandel vom Opfer zum Täter 12

    4.2.2   Psychopathologie als Folge der Belastungen als Opfer und Täter 14

    4.2.3   Manifestation der psychopathologischen Ausdrucksformen Macht und Dominaz 15

5. Schlussbemerkungen 16

6. Literaturverzeichnis 17

1. Einleitung

Die folgende Seminararbeit befasst sich mit den psychologischen und soziologischen Auswirkungen der Protagonistin im Drama „La muerte y la doncella" (deutscher Titel: „Der Tod und das Mädchen") von Ariel Dorfmann mit der leitenden Fragestellung „Wie wirkt sich die Vergangenheitsbewältigung der Protagonistin im sozio-psychologischen Kontext des Dramas „La muerte y la doncella" aus?".

Anfangs erfolgt eine kurze Zusammenfassung des Dramas und Untersuchungen zur formalen Gestaltung, um dem Rezipienten den Einstieg in die weiterführende literarische Analyse zu erleichtern.

Es folgen soziologische und historische Hintergründe des Dramas, die in den Kontext des Werkes eingeordnet werden. Im Speziellen wird sich mit der Diktatur in Chile, sowie anderen Möglichkeiten zur Interpretation beschäftigt, da der Handlungsort von Ariel Dorfmann nicht explizit genannt wird und es so möglich ist den Inhalt des Dramas auf viele weitere Staaten zu übertragen, die eine Diktatur in ihrer Geschichte zu verzeichnen haben.

Des weiteren wird eine psychologische Analyse der Protagonistin vorgenommen, um die Auswirkungen von Folter und sexueller Gewalt auf das Individuum zu erklären und für den Leser mögliche Schlussfolgerungen abzuleiten, um diese auf das eigene Leben übertragen zu können und ein Verständnis dafür zu entwickeln, wie belastende Lebenssituationen – nicht nur zur Zeit einer Diktatur – die psychische Konstitution eines Menschen negativ verändern können. So steht es dem Rezipienten frei, mit folgenden Ausführungen zu wachsen diese positiv auf sich selbst anzuwenden.

Zum Schluss erfolgt eine Reflexion der vorhergegangenen Untersuchungen in Form einer Schlussbemerkung, um abschließend die Frage zu klären, wie sich die Vergangenheitsbewältigung der Protagonistin im sozio-psychologischen Kontext des Dramas auswirkt und welchen Schluss der aufmerksame Rezipient aus den Untersuchungen ziehen kann – für sich, die Familie, die Gesellschaft und alle Menschen, die ihm wichtig sind.

2.   Inhaltliche Zusammenfassung und formale Gestaltung

Der Autor Ariel Dorfmann wurde am 6. Mai 1942 in Buenos Aires, Argentinien, geboren und ist chilenischer Schriftsteller, Dramtiker, Essayist und Menschenrechtsaktivist.

Das Drama „La muerte y la doncella", das 1992 von Ariel Dorfmann verfasst wurde, beschreibt die (sozial-) psychologische Vergangenheitsbewältigung der Protagonistin im soziopolitischen Kontext des Handlungsortes.

Mit ihrem Mann, dem Anwalt Gerado Escobar, lebt Paulina Salas, die Protagonistin, abseits der Zivilisation in einem Haus, das sich an der Küste Chiles befindet. Begründet durch den zweieinhalbmonatigen Freiheitsentzug vor 15 Jahren, bei dem sie wegen ihres politischen Aktivismus gegen die Diktatur vergewaltigt und gefoltert wurde, machen sich bei Paulina Salas posttraumatische Symptome sowie Hinweise zu einer tief greifenden Angststörung deutlich. Als später der Arzt Roberto Miranda zwecks eines beruflichen Besuchs ihr Haus betritt wird ihre Angststörung an-triggert kommt zu einem vermeintlichen Wiedererkennen gekoppelt mit dem Wunsch nach Vergeltung. Ihr gelingt es ein physisches Abhängigkeitsverhältnis zu Roberto Miranda zu etablieren, der sich aber vehement die Vorwürfe der Verbrechen an seinem Gegenüber wehrt. Am Ende gelingt es Paulina Salas aber, ihm unter Aufbietung all ihrer Kraft ein Geständnis abzunehmen. Bis zum Ende des Werkes erfolgt keine Auflösung darüber, ob die Protagonistin den Arzt tötet oder verschont einschließlich der Auflösung, inwiefern sich Roberto Miranda der vorgeworfenen Taten schuldig gemacht hat.[1]

Paulina Salas spielt in dem Drama zwei Rollen: Einerseits nimmt sie die Rolle des Opfers, andererseits die des Täters an. Es handelt sich bei der Protagonistin um einen komplexen Charakter und es ist daher unmöglich, die beiden Rollen, klar voneinander zu trennen, weshalb sich bei den folgenden Untersuchungen nicht auf ein Charakterisierungsmodell, sondern eine wissenschaftlich fundierte, psychologische Analyse gestützt wird, die die forensische Psychologie der Protagonistin nach Meinung des Verfassers am Besten repräsentiert.

Formal gestaltet sich das Ariel Dorfmanns Theaterstück, das typisch dramatische Züge aufweist, anfangs in eine kurze Einführung der Charaktere, gefolgt von dem ersten Akt, der aus vier Szenen besteht, dem der zweite Akt mit zwei Szenen und der dritte Akt mit ebenfalls zwei Szenen folgen.[2]

---

1 Dorfman, Ariel, 2011, in: Ariel Dorfman, La muerte y la doncella, Berlin, Cornelsen Verlag.
2 Eigene Untersuchungen

3.   Soziologischer und historischer Kontext

In der Textfassung des Dramas beschreibt Ariel Dorfman den Handlungsort anfangs mit „[…]
un país que es probablemente Chile, aunque puede tratarse de cualqier país que acaba de salir
de und dictadura.", was übertragen ins Deutsche mit „ein Land, das vermutlich mit Chile
beschrieben werden kann, obwohl es sich um jedes Land, das sich aus einer Diktatur befreit
hat, handeln kann." bedeutet.[3]
Damit deutet der Verfasser an, dass das Stück auf die historische und soziopolitische Situation
vieler Staaten übertragen werden kann, die in der Vergangenheit die Geschichte einer
gewalttätigen Diktatur bewältigen mussten.

3.1   Die Diktatur in Chile

Die Militärdiktatur in Chile stellt einen wichtigen Teil der chilenischen Geschichte dar. Am
11. September 1973 putschte das Militär in Chile, infolgedessen sich der demokratische
gewählte Präsident Salvador Allende suizidierte. Unter Führung einer Junta wurde das Land
daraufhin von Augusto Pinochet bis zum 11. März 1990 regiert; der Putsch wurde von den
Vereinigten Staaten sowohl finanziell, als auch politisch, vor allem durch verdeckte
Operationen der CIA, finanziert. Dieses Ereignis wird als ein zentrales Symbol des kalten
Krieges gedeutet, dem eine ähnlich symbolhafte Bedeutung wie die Revolution in Kuba
zugeschrieben wird.[4]

3.2   Andere Möglichkeiten zur Interpretation im Rahmen einer Diktatur

Da Ariel Dorfman lediglich auf den möglichen Handlungsort verweist, diesen aber nicht
explizit nennt, eignen sich andere mögliche Handlungsorte, die sich nahtlos als solchen
verwenden lassen. Im Folgenden sollen diese Möglichkeiten der Interpretation kurz erläutert
werden.

Als einige wichtige Beispiele der menschlichen Geschichte gelten Spanien (1939-1975),
Südkorea (1961-1987), Griechenland (1967-1974) und Myanmar (1962-2011). So wurde
Korea nach der Kapitulation Japans von den Streitkräften der Vereinigten Staaten besetzt, die
dort eine Besatzungszone errichteten und in Myanmar (früher: Birma) wurde unter Führung
des Generals Than Shwe, der bis zum heutigen Tag immer noch eine leitende Position in den

---

3   Dorfman, Ariel, 2011, in: Ariel Dorfman, La muerte y la doncella, Berlin, Cornelsen Verlag, S. 2, Z. 4-6
4   Spiegel Online: 40 Jahre Pinochet-Putsch: Nachts hörten wir Schüsse der Exekutionen (Veröffentlichung
    unbekannt),
    http://einestages.spiegel.de/static/entry/_nachts_hoerten_wir_die_schuesse_der_exekutionen/112006/praeside
    ntenpalast_la_moneda.html?o=position-ASCENDING&s=0&r=48&a=29546&c=1

Streitkräften einnimmt, eine politische Militärführung aufgebaut, die heute zivil von Thein Sei n wahrgenommen wird, der früher selbst dem Militär angehörte.[5]

4. Psychologische Analyse der Protagonistin

Es folgt eine forensisch-psychologische Analyse der Protagonistin, die sich sowohl auf wissenschaftliche Erkenntnisse, als auch eigene Untersuchungen des Verfassers stützt, der diese und andere Quellen stützend hinzuzieht.

Aufeinander aufbauend wird zuerst die Opferrolle, und dann die Täterrolle bzw. der Wandel vom Opfer zum Täter untersucht, damit der Rezipient einen möglichst umfassenden Eindruck der psychischen Verfassung im Kontext der forensischen Psychologie der Protagonistin gewinnen kann.

Es wird anbei angemerkt, das es unmöglich ist, eine fiktive Person im Hinblick auf Ihren Gesundheitszustand wissenschaftlichen Standards entsprechend „per Ferndiagnose" zu untersuchen. Die nachfolgenden Untersuchungen beziehen sich dementsprechend lediglich auf den Versuch eines „individualpsychologischen' Berichts über die psychische Verfassung des Protagonisten im Hinblick auf die individuelle forensische Psychologie dessen".

4.1 Opferrolle

4.1.1 Ängstlichkeit und Misstrauen als Triebmotive der Opferrolle

Schon der Schauplatz des Geschehens, der sich am Anfang des Stückes dem Rezipienten darstellt, kann als raumpsychologisches Mittel, sowie als Reflektion der psychischen Konstitution Paulina Salas interpretiert werden. So lebt die Protagonistin abseits der Zivilisation an einem unbekannten Ort der Küste Chiles, „a esta punta no llega ni Cristo" (vgl. 1. Akt, 2. Szene, S. 11, Z. 8). Der Handlungsort kann folglich als Spiegel des Bewusstseinszustands Paulinas verstanden und infolgedessen als bewusst verwendetes Stilmittel interpretiert werden, das die temporären Persönlichkeitsmerkmale der Protagonistin so in der Umgebung widerspiegelt. Abseits der Öffentlichkeit wird das Haus, in dem Paulina lebt, somit symbolisch für die aufgrund der psychischen Belastungen entstandene Angststörung, sowie die bereits als stabiles Persönlichkeitsmerkmal konstituierte Introversion verwendet, die ebenfalls eine Folge der posttraumatischen Belastungsstörung darstellt.[678]

---

5   Schmidt-Häuer, Christian: "Tötet alle, verbrennt alles!", in: Onlinepublikation der Wochenzeitung Die Zeit. 23. Mai 2002.
6   Mohl, Alexa: Der große Zauberlehrling, Spiegeln (Pacing), S. 141 – 151, Junfermann Verlag, Paderborn 2013.

In diesem Kontext kann auch die mit der Angststörung einhergehende Furcht vor Übergriffen verstanden werden, die am Anfang des Stückes durch das Geräusch eines herannahenden Automobiles an-getriggert wird und in einem Selbstschutzmechanismus mündet, im Zuge dessen sich die Protagonistin mit einer Pistole bewaffnet, um die scheinbare Gefahr eines erneuten Übergriffes auf ihre eigene Person zu verhindern: „se levanta, va hasta el living, mira por la ventana, retrocede, busca algo, y […] tiene en sus manos un revólver" (vgl. 1. Akt, 1. Szene, S. 3, Z. 8-11). Durch diese Handlungsweise wird deutlich, wie sich Paulina Salas Verhalten in ihren Handlungen spiegelt, die zu diesem Zeitpunkt bereits keinen Bestandteil ihrer autonomen Willensbildung mehr darstellen und somit bei fehlender therapeutischer Intervention eine Gefahr für sich und andere darstellt, was im späteren Verlauf des Dramas deutlich wird.

Obwohl sich Paulina Salas sich ihrer Störung bewusst ist äußert sie ihre Angst erst in einem Dialog mit ihren Mann Gerado, was implizit ihre Verzweiflung über ihre derzeitige Verfassung zum Ausdruck bringt, da ihr Mann das gestörte Verhaltensmuster seiner Frau durch seinen Umgang mit ihr nur noch verstärkt. Gerado bezeichnet seine Frau als „M'hijita" (vgl. Akt 1, Szene 1, S. 3, Z. 20) und „mi amor" (vgl. Akt 1, Szene 1, S. 5, Z. 9), wodurch er diese auf ihre Funktion als emotionalen Stabilisator seiner Selbst reduziert und zugleich eine klare Hierarchie als „Rangordnung" im familiären Rahmen aufbaut, damit seine Dominanz durch die Opferrolle seiner Frau erhalten bleibt. Des weiteren macht sich die Funktion des Opfers bemerkbar als die Protagonistin ein auf der Terrasse stattfindendes Gespräch zwischen Gerado und Roberto belauscht, was implizit auf ihr Misstrauen gegenüber Neuem hindeutet, das im Rahmen ihrer Erkrankung ihrerseits subjektiv empfunden destabilisierend wirken, und somit eine negative Kopplungsreaktion auf sie selbst auslösen kann (vgl. 1. Akt, 2. Szene, S. 10, Z.10).[9] Dies wird unter anderem auch dadurch begründet, dass Gerado seine Frau in einem Gespräch mit Roberto als „algo nerviosa" (vgl. 1. Akt, 2. Szene, S. 10, Z. 13) bezeichnet, was den Schluss zulässt, dass er sie als nervöse, unsichere Person empfindet und dies, begründet durch seine Einsamkeit mit dieser Situation, jemandem mitteilen möchte, der ihn stabilisiert und emotionalen Rückhalt gibt. So wird deutlich, dass Paulina Salas Zurückhaltung gegenüber Fremden auf der für sie bestehenden psychischen Disharmonie basiert, da sie Neues als belastend und somit destabilisierend empfindet. Dies lässt sich

---

7 Gottfried Fischer, Peter Riedesser: Lehrbuch der Psychotraumatologie. 4. Auflage. Ernst Reinhardt-Verlag, München 2009.
8 Sven Olaf Hoffmann und G. Hochapfel: Neurosenlehre, Psychotherapeutische und Psychosomatische Medizin. [1999], CompactLehrbuch, Schattauer, Stuttgart.
9 Paul Ekman: Gefühle lesen. Wie Sie Emotionen erkennen und richtig interpretieren. Spektrum, München 2004

neurologisch mit einer Schutzfunktion des Gehirns erklären, die unter anderem bei posttraumatischen Belastungsstörungen und depressiven Episoden eingreift, um eine Überbelastung des Organs und des Nervensystems zu verhindern. Infolgedessen nutzt das Gehirn nur die neuronalen Netze, die notwendig sind, um intervenierend die belastende Situation zu überstehen, sodass derzeit nicht zwingend benötigte Funktionen deaktiviert werden.[10] Diesbezüglich wird auch deutlich, dass die Protagonistin die Absicht hat, ihre Angstzustände zu überwinden, was sie deutlich, abermals ihrem Mann Gerado gegenüber, erläutert. Ihre Aussage „tuve miedo" (vgl. 1. Akt, 1. Szene, S. 9, Z. 8) macht an dieser Stelle explizit deutlich, dass sie sich ihre Ängste eingesteht und mit ihrem Mann an einer Lösung arbeiten möchte, der diese unterbewusste Aussage aber nicht erkennt oder nicht erkennen will, da er zu sehr um die Erhaltung seiner Autorität beschäftigt ist.

Paulina Salas Angststörung wird ebenfalls deutlich als sie hysterisch und ohne für den Rezipienten ersichtlichen Grund zu lachen beginnt „con uns cierta histeria subterránea" in der Stimme (vgl. 1. Akt, 1. Szene, S. 8, Z. 24). Sie möchte so ihre Angst vor ihrem Mann die Tatsache betreffend verbergen, dass die damals an ihr begangenen Verbrechen vor dem gleichen Gericht wie in der Zeit der Diktatur verhandelt werden sollen. Paulina erhofft sich damit unterbewusst, dass sie von Gerado nicht ausschließlich als labiles Opfer, sondern als vollwertige Person wahrgenommen werden würde, was seinen Zweck als Indikator ihrer Integrität aber verfehlt, wie die folgenden Ausführungen deulich machen.

4.1.2 Unterwürfigkeit als Triebmotiv für die Opferrolle

Paulina Salas hat ihrer derzeitigen Situation zwei Arten von Belastungen zu bewältigen: Einerseits wehrt sie sich gegen ihre fortschreitende Psychopathologie, andererseits wird, wie bereits in Ansätzen ausgeführt, diese durch das Verhalten ihres Ehemannes verstärkt, was seinerseits Anstrengung erfordert, die sich wiederum negativ auf ihre psychische Verfassung auswirkt. Demnach ist ein unendlicher Kreislauf entstanden, der bei fehlender therapeutischer Intervention aller Wahrscheinlichkeit nach in einer mindestens mittelschweren depressiven Episode enden wird.[11]

Die Unterwürfigkeit der Protagonistin zeigt sich implizit in der Kommunikation mit Gerado: Verniedlichungen wie „Tonita linda, mi gata" (vgl. 1. Akt, 1. Szene, Z. 25) machen deutlich, wie das Verhältnis zwischen ihr und ihrem Mann konstituiert ist. So wird sie wie ein kleines

---

10 Alberto Villoldo, David Perlmutter: Das erleuchtete Gehirn – Mit Schamanismus und Neurowissenschaften das Geheimnis gesunder Zellen entdecken, Kapitel 3, Kapitel 5. Wilhelm Goldmann Verlag, 2011, München.
11 CDK CHRISTOPH-DORNIER-KLINIK GmbH: Ursachen der Depression (Veröffentlichung unbekannt), http://www.c-d-k.de/psychotherapie-klinik/Stoerungen/depressionen_ursachen.htm.

Kind behandelt, dass aufgrund noch nicht ausgereifter emotionaler Stabilität von den Eltern behütet werden müsse. Dies macht implizit deutlich, dass Gerado seine Frau als äußerst labil und abhängig wahrnimmt und ihr keine Integrität zugesteht, die für eine Gesundung und Stabilisierung aber dringend erforderlich ist.

Da sich Paulina vorerst nicht gegen dieses Verhaltensmuster wehren kann identifiziert sich sich mit ihrer Opferrolle. Gerado versucht sein Verhalten seiner Frau gegenüber durch die Ansicht, sie sei alleine nicht lebensfähig, zu legitimieren (vgl. 1. Akt, 1. Szene). So wird der Versuch eines verbalen Widerspruchs von Gerado augenblicklich als beendet erklärt. Diese Dynamik besteht auch weiterhin und auf die gleiche Art und Weise als nachts ein unerwartetes Klopfen an der Tür registriert wird. Ohne sich nach der Empfindung seiner Frau zu erkundigen geht Gerado automatisch davon aus, dass diese verängstigt sein müsse, und erwähnt erneut und zum wiederholten Mal, welche Empfindung sie haben müsse, was ihren Zustand zusätzlich belastet (vgl. 1. Akt, 2. Szene, S. 9, Z. 24 – 26).

Des weiteren verdeutlicht sich Paulinas Unterwürfigkeit als Gerado den Arzt Roberto bittet die Nacht in ihrem Haus zu verbringen, ohne Paulina vorher in Kenntnis zu setzen oder zu befragen. Diese Hierarchie macht die entstandene systemische Familiendynamik besonders deutlich, in der Gerado seine Frau weder als vollständigen Teil ihrer zwischenmenschlichen Beziehung, noch als autonomen Partner versteht (vgl. 1. Akt, 2. Szene, S. 11, Z. 14 ff.).

Dieses gestörte Verhältnis wird mehr als explizit dargestellt als die Protagonistin zu dem Revolver greift als ihr Mann den Raum betritt. Der am Boden liegende und gefesselte Roberto, den sie für ihren Vergewaltiger aus ihrer Vergangenheit hält, wirkt auf sie also weniger beängstigend als ihr Mann, von dem sie abgesehen von der gestörten Familiendynamik und der damit einhergehenden Destabilisation nichts weiter zu befürchten hat. Dies zeigt Paulinas Wunsch nach Unabhängigkeit, der sie aber nicht nachkommen kann, da sie sich in einem emotionalen Abhängigkeitsverhältnis zu ihren Mann befindet, der dies zunehmend „gegen" sie verwendet und damit psychotische Reaktionen auslöst, die in dem grundlegendem Angstzustand münden, in dem sich Paulina Salas befindet (2. Akt, 1. Szene, S. 22, Z. 11 ff.).

Schon danach legt die Protagonistin diese Dominanz gegenüber ihrem Mann wieder ab, indem dieser ihr befielt, sich zu setzen (vgl. 2. Akt, 1. Szene, S. 22, Z. 18). Es wird deutlich, dass Paulina erneut die Opferrolle einnimmt, der sie sich nur unter großem Bemühen temporär befreien kann, da ihr Unterbewusstsein noch zu sehr an den ursprünglichen Konstrukten der Paardynamik angeknüpft ist.

4.1.3 Psychopathologie des Vergessens als Auslöser und Indikator der Opferrolle

Die Psychopathologie des Vergessens als Auslöser und Indikator der Opferrolle macht deutlich, wie Paulinas Vergangenheit mit der Dynamik ihrer Opferrolle verwoben ist. Bereits zu Beginn des Dramas wird dargestellt, dass die Protagonistin ihre Vergangenheit verdrängt. In einem Dialog äußert Gerado ihr gegenüber, dass er Gespräche über Paulinas Vergangenheit negativ konnotiert und diese deshalb nicht führen möchte. Mit der Antwort „a mí tampoco" (vgl. 1. Akt, 1. Szene, S. 7, Z. 29) erklärt sie, dass auch sie so empfindet und ihre Vergangenheit verdrängt. Dieses Verhalten fungiert hier als Schutzmechanismus, der es Paulina erleichtert, sich den Herausforderungen ihrer Zeit und nicht denen der Vergangenheit zu stellen, um sie nicht zu überlasten. Erschwerend kommt hinzu, dass ihr Mann mit ihr seit 15 Jahren nicht über ihre Schicksalsschläge sprechen möchte und sie ihm deshalb in ihrer Opferrolle lieber zustimmt als zu widersprechen. Dieses Ungleichgewicht ihrer Meinung wird besonders deutlich als sie „necesitamos que se establezca toda la verdad" (vgl. 1. Akt, 2. Szene) ihrem Mann gegenüber äußert, was verdeutlicht, dass sie herausfinden möchte wer sie misshandelt und vergewaltigt hat. So äußert sie unterbewusst, dass sie ihre Vergangenheit einerseits aufarbeiten, aber andererseits auch verdrängen möchte. In diesem Zusammenhang wird deutlich, dass die Protagonistin sich davor fürchtet sich ihrer Vergangenheit zu stellen, diese deshalb aus ihren Bewusstseinszustand verdrängt und damit automatisch ins Unterbewusstsein projiziert. Das hat für sie einerseits den Vorteil sich nicht mehr aktiv mit dem Schmerz ihrer Vergangenheit beschäftigen zu müssen, führt aber andererseits dazu, dass sie ihre vergangenen Belastungen niemals wird bewältigen können, da die negativen Konnotationen der aus der Vergangenheit resultierenden posttraumatischen Belastungsstörungen ihre aktive Wahrnehmung nach wie vor beeinflussen, wenn keine Abhilfe in Form therapeutischer Behandlung durchgeführt würde.[12]

Paulina Salas spricht zum ersten Mal in einem Monolog ganzheitlich von ihrer Vergangenheit als Roberto gefesselt auf dem Boden liegt. Da sie ihn für den Täter ihrer traumatisierenden Belastungen hält glaubt sie so mit ihrer Vergangenheit abschließend zu können, was mehr mit einen Verzweiflungsakt, als einer Traumabewältigung zu bewerten ist. Sie erläutert, dass aufgrund ihrer Gefangenschaft ihre medizinische Ausbildung nie vollständig abgeschlossen werden konnte und sieht sich infolgedessen auch als Opfer ihrer Erfahrungen und der damit einhergehenden sozialen Programmierung hält, was ihr eine Bestätigung dafür gibt, ihre Erfahrungen eher zu vergessen als aufzuarbeiten (vgl. 1. Akt, 4. Szene, S. 16, Z. 1).

---

12 Sigmund Freud: Vorlesungen zu Einführung in die Psychoanalyse, Erster Teil: Die Fehlleistungen. Fischer Taschenbuch Verlag, Frankfurt am Main, 1991.

Besonders deutlich wird Paulinas Verdrängungsstrategie als sie in der gleichen Selbsreflektion darüber berichtet, den Musiktitel „La muerte y la doncella" nicht mehr hören zu wollen, da durch die mit der Musik verbundenen Emotionen, die auch durch selbige partiell ausgelöst wurden und werden, ihre schmerzlichen, vergangenen Erinnerungen zur Zeit der Misshandlung und Vergewaltigung an-getriggert werden, sodass sie es lieber vermeidet von der Musik erneut mit ihren Traumata, die bereits wie erläutert ins Unterbewusstsein projiziert wurden, konfrontiert zu werden (vgl. 1. Akt, 4. Szene, S. 16 – 17, Z. 1 – 29). Für die Protagonistin ist es nicht möglich ihre Vergangenheit vollständig zu verdrängen, wie bereits in den vorherigen Untersuchungen dargestellt wurde. Dies wird beispielhaft bewusst gemacht als sie in einem Kommentar an ihre eigene Aussage anknüpft: „Todos esto anos no ha pasado una hora que no la escuche, acá en mi oreja, ¿crees que una se olvida así como así de una voz como esa?" (vgl. 1. Akt, 4. Szene, Monolog). Nachfolgend imitiert Paulina auch die Stimmen ihrer Entführer mit dem exakt gleichen Wortlaut wie diese es damals taten und zeigt so das Ausmaß ihrer Belastungsstörung, die hier als ebenfalls wie bereits erwähnt als mindestens mittelschwer bis schwer zu diagnostizieren wäre. Diese Darstellung kann als Hinweis zu einer möglichen schizotypischen Störung dienen, die zusammen mit mit der im Verlauf der Untersuchung noch heranzuziehenden Tatsache, dass nicht aufgelöst wird, ob sie den Arzt Gerado letztendlich tötet, den möglichen Schluss zulassen kann, sie würde sich im Rahmen einer möglichen schizotypischen Erkrankung das Wiedererkennen ihres Peinigers nur einbilden. Die könnte infolgedessen als wahnhaftes Symptom dieser Krankheit zu deuten sein, auch wenn dieser Schluss letztendlich dem Rezipienten selbst überlassen wird. Auch ihre Paranoia passt in das Bild einer affektiven Psychose, die durch Stress ausgelöst werden kann, auch wenn konkrete wissenschaftlich bestätigte Thesen noch abzuwarten sind.[13]

Später beschuldigt Gerado seine Frau „todavía esta presa en ese sótano [...]. Durante quince anos no ha hecho nada con vida", womit er Paulina abermals verdeutlicht, dass er nicht verstehen kann [will], warum sie nicht endlich ihre Vergangenheit vergisst und damit eingergehend ihr Leben verbessert (vgl. 2. Akt, 1. Szene). Infolgedessen gibt sich Paulina Salas weiterhin der Illusion hin inneren Frieden zu finden, wenn sie Rache an den Tätern üben würde.

---

13 World Health Organization: The ICD-10 Classification of Mental and Behavioural Disorders – Clinical descriptions and diagnostic guidelines. World Health Organization, S. 78 f.

4.2 Täterrolle

4.2.1 Wandel vom Opfer zum Täter

In der 3. Szene des 1. Aktes findet der Wendepunkt des Dramas statt, da sich Paulia von einem Augenblick zum nächsten vom introvertiertem Opfer zum gewalttätigen Täter wandelt, ohne das dies vorher implizit oder explizit angedeutet wird.

Sie fesselt und knebelt Roberto eines nachts während er schläft und scheut sich nicht dabei mehr als notwendige Gewalt anzuwenden: „y ata a una silla", „se saca los calzones y se los mete en la boca a Roberto" (vgl. 1. Akt, 3. Szene, S. 15, Z. 1 – 18).

So verändert sich das Machtverhältnis zu den beiden Männern drastisch: Paulina dominiert nun ihren Mann und den Arzt. Sofern an dieser Stelle noch von autonomer Willensbildung berichtet werden kann sieht sich die Protagonistin fortan nicht mehr als Opfer ihrer Umstände, sondern kreiert diese nun selbst. So projiziert sie ihren Zorn der Unterwürfigkeit, der über 15 Jahre von Gerado forciert wurde, nun auf die beiden Männer, wobei sie ihren Mann nicht fesselt, aber trotzdem mit der Waffe bedroht, um das Machtverhältnis aufrecht zu erhalten und sich so ihre Integrität zu bewahren.

Dies wird besonders deutlich als Paulina die Kosenamen, wie „mi amor", die ihr Mann vorher verwendet hatte, um sie zu kontrollieren, nun gegenüber Roberto für ihren Mann verwendet (vgl. 1. Akt, 4. Szene). Direkt zeigt sich diese neu gewonnene scheinbare Integrität, als ihr Mann sie bittet den Revolver aus der Hand zu legen und ihn nicht länger zu bedrohen: Paulina reagiert mit einem knappen, aber bestimmten „No" (vgl. 1.Akt, 4. Szene, S. 19, Z. 1 – 2). Die gleiche Antwort erhält er als Gerado Paulina bittet, ihn loszubinden. Explizit veräußert Gerado den Wandel seiner Frau vom Opfer zum Täter als er sie als „irreconocible" (vgl. 1. Akt, 4. Szene, S. 20, Z. 21). In dieser Aussage wird deutlich, dass Gerado seine Frau fortan nicht mehr als bemitleidenswertes, ihm unterstehendes Opfer betrachtet, sondern als eine handelnde Täterin, der er alles zutraut, was möglich ist. Des weiteren findet hier ein Bruch in der Familiendynamik statt: Gerado kann seinen Selbstwert nicht mehr aus der Erniedrigung seiner Frau beziehen, was das Verhältnis, was nur deswegen noch Bestand hatte, empfindlich stört.

Dennoch erscheint Paulina nicht ausschließlich in ihrer Täterrolle. Begründet durch die Tatsache, dass sie die Stimmen ihrer Kontakte während der Gefangenschaft wortgleich imitiert wird zugleich die mit einer tiefgehenden psychischen Störung verbundene Opferrolle deutlich spürbar. Dies lässt den Schluss zu, dass Paulina Salas mit diesem Verhalten lediglich versucht ihre Situation aus ihrer Perspektive zu „verbessern", vernachlässigt dabei allerdings alle möglichen Folgen bzw. verbannt diese aus ihrer rationalen Prioritätensetzung. Dabei bezeichnet die Protagonistin ihre Gefangenschaft konkret als „cómo una hebra así, con una raja tan rica", womit die Intensität der psychischen Beeinflussung ihrerseits zum Ausdruck kommt. Des weiteren wird so erneut die posttraumatische Belastungsstörung aufgezeigt, die sich bis zur Handlungszeit in ihrem Unterbewusstsein manifestiert. Sie kann die Stimmen der Gefangenschaft bis heute weder verdrängen, noch vergessen (vgl. 1. Akt, 1. Szene). Mehr als deutlich wird dieser Sachverhalt als Gerado sich versucht, auch seinen Fesseln zu befreien. Auch diesmal verstellt sie die Stimme und ahmt ihre Peiniger nach, sodass ihr Wunsch nach Vergeltung an ihrem Mann wahr werde. Sie wirkt so implizit – bewusst – gewalttätig und schafft es, Gerado sowie Roberto einzuschüchtern, auch wenn dieser sich bereits an den Grenzen seiner physischen und psychischen Leistungsfähigkeit befindet (vgl. 2. Akt, 1. Szene, S. 23, Z. 1 – 6).

Paulinas Wandel vom Opfer zur Täterin wird auch deutlich als ihr von ihrem Mann vorgeworfen wird, krank zu sein. Er bezieht sich hier implizit auf mögliche Wahnvorstellungen seitens Paulinas, erwähnt dies aber nicht explizit, auch wenn deutlich wird, dass beide den Sachverhalt verstehen. Paulinas Antwort, sie sei nicht krank, und später, auch wenn sie krank sei könne sie eine Stimme wiedererkennen, bringt klar zum Ausdruck, dass sie ihre neu gewonnene Integrität sogleich einsetzt, um ihr Verhaltensmuster zu rechtfertigen, was sie wiederum in der Rolle des Opfers erscheinen lässt (vgl. 1. Akt, 4. Szene, S. 18, Z. 18 – 28). Dies ist erneut als Hinweis auf eine schizotypische Psychose, oder eine temporäre Folge der Belastungsstörung zu deuten. Auch eine Kombination ist als möglich in Erwägung zu ziehen.

Nachdem Roberto Paulina ein unglaubwürdiges, aber für sie wichtiges, Geständnis für seine vermeintlichen Taten als Verbrecher an ihr gegeben hat ist Paulinas Erleichterung über diesen Umstand deutlich spürbar. Dies äußert sich in der Tatsache, dass sie überhaupt erleichtert wirkt: Denn wäre sie das nicht würde deutlich, dass sie zum Zeitpunkt der Tat als schuldfähig einzustufen wäre, zumindest aber läge ein wichtiges Indiz für ihre Schuldfähigkeit vor. Da sie aber ganz klar erleichtert wirkt, Roberto die Schuld für die ihr angetanen Verbrechen gibt und im Fall dessen, dass dieser nicht der Täter wäre, sich wahnhaft zeigt wäre ein Aufenthalt in einer psychiatrischen Anstalt angemessen, sofern ihre Handlungen und Verbrechen an Roberto durch eine schizotypische Störung oder einer PTBS hervorgerufen worden wären. So hat sich die Protagonistin vorerst scheinbar aus ihrer Opferrolle befreit. Beispielhaft äußert sich dies darin, dass sie Roberto gegenüber erklärt, sie habe Gerado vollständig verstanden und durchschaut und sie wisse exakt wie ihr Mann wahrnimmt. Auch den Versuch eines Täuschungsversuchs des Selbigen habe sie sofort erkannt (vgl. 3. Akt, 1. Szene).

4.2.2 Psychopathologie als Folge der Belastungen als Opfer und Täter

Als Gerado zu Beginn Paulinas Wandlungsprozesses vom Opfer zum Täter feststellt, dass seine Frau Roberto sowohl gefesselt als auch geknebelt hat stellt er explizit dar, dass er Paulia als „verrückt" wahrnimmt (vgl. 1. Akt, 1. Szene, S. 18, Z. 18 – 28). Selbst als Paulina versucht Gerado, den sie einerseits durch die Unterdrückung als ihren Peiniger, andererseits aber auch als ihre emotionale Stütze wahrnimmt, versucht zu erklären, dass Roberto jener Täter sei, der sie zur Zeit ihrer Gefangenschaft misshandelt hat wird sie mehrmals von ihrem Mann als nervenkrank bezeichnet ohne das dieser auch nur den Versuch unternimmt dem, was seine Frau behauptet, Glauben zu schenken. Diese Tatsache lässt Paulina nicht an ihrem Urteil zweifeln, dass der Arzt der Täter sei, der sie damals misshandelt hat.

Hier liegt erneut ein Hinweis auf eine Psychose vor, die nach vorangegangenen Ausführungen in ihrem Ergebnis als sehr wahrscheinlich zu bezeichnen sind, auch wenn eine konkrete diagnostische Einordnung hier unmöglich ist, auch wenn eine gutachterliche Prognose gegeben werden könnte.

Paulia Salas bezeichnet sich selbst als krank: „Entonces estoy enferma"(vgl. 1. Akt, 4. Szene, S. 18, Z. 21) macht einerseits deutlich, dass zumindest ein Teil ihrer sozialen Programmierung sie als krank wahrnimmt, ein anderer aber weiß, dass sie dies nur behauptet, um ihre folgendes Argument anzuknüpfen und es nicht auf eine Diskussion über ihren psychischen Zustand ankommen zu lassen, was wiederum als Schutzmechanismus zu deuten ist. Sie gibt damit auch ironisch Gerados Interpretation ihres Zustandes wieder.

Der Arzt Gerado macht, nachdem er von seinen Fesseln befreit wurde, deutlich, dass er Gerados Frau für „muy enferma" hält (vgl. 2. Akt, 1. Szene, S. 23, Z. 25). Da dieser im Zuge seiner medizinischen Ausbildung die Fähigkeit erworben haben sollte psychische Störungen zu diagnostizieren ist diese Aussage als ein weiteres Indiz für eine Psychose zu deuten, sofern seine Ausführung nicht dem Zweck dient, von seiner Täterschaft abzulenken. Er ist der Ansicht Paulia habe ihre Wut lediglich auf ihn projiziert. Dies wiederholt der Arzt erneut als er mit Gerado alleine ist.

Paulinas mögliche Krankheit wird von ihm als „fantasías de una mujer inferma" wahrgenommen, wozu er Stellung in Form von „cualquier hombre que hubiese entrado por esa puerta" bezieht, womit er verdeutlicht, dass es jedem hätte passieren können, das Opfer von Paulia Salas Wahnvorstellungen zu werden (vgl. 2. Akt, 2. Szene) und er sich als Opfer einer psychisch disharmonischen Person sieht. Diese Distanz wird abermals durch die im chilenischen eher unübliche Anrede „usted" verdeutlicht, da Roberto seinen Patienten Gerado bereits zu kennen scheint.

Psychotische Anzeichen lassen sich außerdem in folgenden Aussagen Paulinas finden: „lo único que quier es que lo violen, que se lo tiren" ihrer Immitation „Yo te voy a dar comer, m'hijita rica, yo te voy a dar algo substancioso y bien grande para que te olvidís [ironisch: behalten] hambre" (vgl. 2. Akt, 1. Szene) sowie vielen weiteren.

4.2.3 Manifestation der psychopathologischen Ausdrucksformen Macht und Dominaz

Macht und Dominanz stellen eine wichtige Funktion im Rahmen des Dramas dar, weil sie als inhaltlicher Indikator für den Wendepunkt sowie weitere Veränderungen von zentraler Bedeutung sind.

Zuerst wird Paulia Salas Dominanz klar ersichtlich als sie ihren Mann mit dem Revolver bedroht (vgl. 1. Akt, 4. Szene). Durch diese Handlung leitet sie den Wendepunkt des gesamten Stückes ein: Erst noch eine schwer von ihrer Vergangenheit gezeichnete, introvertierte Frau, wandelt sie sich zur wahnhaften Täterin, die ihre Fantasien auslebt.

Aber nicht nur Roberto ist das Ziel ihres Zorns: Auf die gleiche Art und Weise richtet sie den Revolver auf Roberto, was implizit zeigt, dass sie beide Männer für ihren psychischen Zustand zur Verantwortung zieht, sodass sich ihr Verhaltensmuster auch in äußeren Erscheinungsformen widerspiegelt. Auch als der Arzt Paulia vorschlägt den Revolver herunterzunehmen und wegzulegen weigert sie sich ohne das deutlich wird, dass diese Aussage irgendeine Art von Selbsreflektion ausgelöst hat (vgl. 1. Akt, 4. Szene). Sie verdeutlicht diese Haltung auch anhand eines absichtlich daneben gezielten Schusses aus dem Revolver.

Paulina Salas nutzt so Macht und Dominanz mit Hilfe der Waffe aus, um gezielt ihre Ziele zu erreichen. Sie erzwingt ein Geständnis seitens Roberto und wünscht sich von ihrem Mann, sie in ihren wahnhaften Vorstellungen zu begleiten.

Diese Dynamik könnte später z.B. im Rahmen einer Familientherapie therapeutisch angewandt werden, sofern die Diagnostik zutrifft.

5. Schlussbemerkungen

Diese Untersuchungen zeigen, dass es nicht immer leicht fällt, Verständnis für jemanden zu entwickeln, das der eigene Leben negativ beeinflusst und dies aber nicht merkt, da er zu sehr mit seinen eigenen Herausforderungen beschäftigt ist.

Belastende Lebenssituationen können jeden treffen – und das nicht nur zu Zeiten einer Diktatur. Und nicht immer steht es jedem frei diese als Chance für persönliches Wachstum und innere Stärke zu nutzen.

Paulina Salas unternahm während ihrer ganzen Geschichte den Versuch, sich selbst zu behandeln. Um sich ein Stück ihrer Integrität zu erhalten, die während ihrer Misshandlung auf ein Minimum reduziert wurde, flüchtet sie sich in Wahnvorstellungen, um eine Kausalität herzustellen, die es ihr ermöglicht, mit ihrer Vergangenheit scheinbar abzuschließen. Sie beschuldigt einen Arzt der Täter zu sein, der sie all die Monate gefoltert habe, und stellt ihre Überzeugung auf exzentrische Art und Weise zur Schau. So löst ihre Identifikation mit dem Wunsch, ein selbstbestimmtes Leben zu führen, Wahnvorstellungen aus, die es ihr ermöglichen, sich selbst so zu stabilisieren, dass sie glaubt, ihr Ziel zu erreichen.

Objektiv betrachtet kann die Frage, ob Paulina Salas sich nur einbildet, dass Roberto der Täter war, nicht beantwortet werden. Allerdings weist die Vielzahl an psychologisch-forensischen Indizien darauf hin, dass die Protagonistin an einer schwerwiegenden Psychose erkrankt ist, die in der westlichen Welt als Schizophrenie bekannt ist. Sie kann infolgedessen nicht mehr klar zwischen Realität und Fiktion unterscheiden.

Als mögliche weitere Forschungsfelder eignet sich eine eingehendere psychologische Analyse des Umfeldes der Protagonistin, um die Wechselwirkungen auf das Individuum genauer zu untersuchen und so Rückschlüsse auf die Individualpsychologie der Protagonistin ziehen zu können. Desweiteren ist eine Untersuchung mit Fokus auf die weiteren Figuren möglich, ebenso kann die sprachliche Gestaltung im Sinne einer neuroliguistischen Programmierung erörtert werden.

Arno Gruen sagte in seiner Publikation „Der Wahnsinn der Normalität" einmal „Schizophrenie ist ein Kampf um Integration, der scheitert, weil die Kraft fehlt, die eigene Wahrheit in einer feindlichen Umwelt zu leben."

6. Literaturverzeichnis

- CDK CHRISTOPH-DORNIER-KLINIK GmbH: Ursachen der Depression (Veröffentlichung unbekannt), http://www.c-d-k.de/psychotherapie-klinik/Stoerungen/depressionen_ursachen.htm.

- Dorfman, Ariel, 2011, in: Ariel Dorfman, La muerte y la doncella, Berlin, Cornelsen Verlag.

- Dorfman, Ariel, 2011, in: Ariel Dorfman, La muerte y la doncella, Berlin, Cornelsen Verlag, S. 2, Z. 4-6

- Eigene Untersuchungen

- Ekman, Paul: Gefühle lesen. Wie Sie Emotionen erkennen und richtig interpretieren. Spektrum, München 2004

- Fischer, Gottfired, Peter Riedesser: Lehrbuch der Psychotraumatologie. 4. Auflage.

- Freud, Sigmund: Vorlesungen zu Einführung in die Psychoanalyse, Erster Teil: Die Fehlleistungen. Fischer Taschenbuch Verlag, Frankfurt am Main, 1991.

- Hoffmann, Sven Olaf und Hochapfel, G.: Neurosenlehre, Psychotherapeutische und Psychosomatische Medizin. [1999], CompactLehrbuch, Schattauer, Stuttgart.

- Mohl, Alexa: Der große Zauberlehrling, Spiegeln (Pacing), S. 141 – 151, Junfermann Verlag, Paderborn 2013.

- Schmidt-Häuer, Christian: "Tötet alle, verbrennt alles!", in: Onlinepublikation der Wochenzeitung Die Zeit. 23. Mai 2002.

- Spiegel Online: 40 Jahre Pinochet-Putsch: Nachts hörten wir Schüsse der Exekutionen (Veröffentlichung unbekannt), http://einestages.spiegel.de/static/entry/_nachts_hoerten_wir_die_schuesse_der_exekutionen/112006/praesidentenpalast_la_moneda.html?o=position-ASCENDING&s=0&r=48&a=29546&c=1 Ernst Reinhardt-Verlag, München 2009.

- Villoldo, Alberto, Perlmutter, David: Das erleuchtete Gehirn – Mit Schamanismus und Neurowissenschaften das Geheimnis gesunder Zellen entdecken, Kapitel 3, Kapitel 5. Wilhelm Goldmann Verlag, 2011, München.

- World Health Organization: The ICD-10 Classification of Mental and Behavioural Disorders – Clinical descriptions and diagnostic guidelines. World Health Organization, S. 78 f.